AF335767

ÉTRENNES
TACHYGRAPHIQUES
ET MUSICALES.

PRIX 6 fr.

ÉTRENNES

TACHYGRAPHIQUES

ET MUSICALES;

Par Mlle Félicité COULON DE THÉVENOT,

PROFESSEUR DE TACHYGRAPHIE
(Art d'écrire aussi vite qu'on parle).

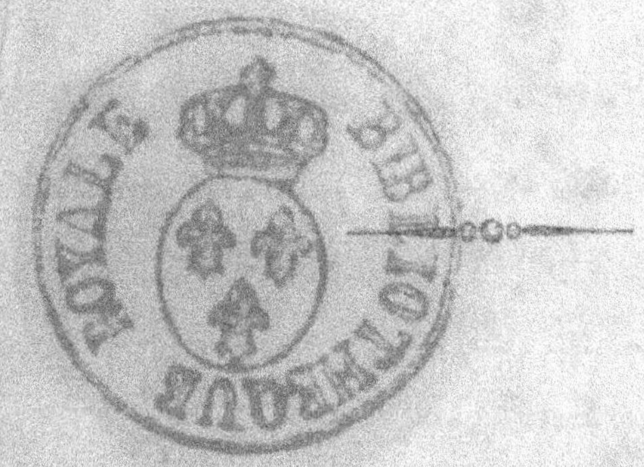

A PARIS,

CHEZ L'AUTEUR, RUE DE LA HARPE,
n° 78,

DE L'IMPRIMERIE DE DIDOT LE JEUNE.

1821.

ÉTRENNES

TACHYGRAPHIQUES

ET MUSICALES.

—

Cet ouvrage renferme une expli-
cation claire et précise, suivie de
sept planches imprimées en taille-
douce, pour apprendre soi-même
l'art d'écrire aussi vite qu'on parle;
neuf romances du même auteur,
dont six avec accompagnement de
piano, et trois pour guitare; leur
traduction gravée en caractères tachygraphiques, pour s'exercer à la
lecture de ce genre d'écrire.

1..

Mademoiselle Coulon de Thévenôt, seule autorisée à publier les signes tachygraphiques, en vertu de l'arrêt rendu le 15 mars 1820, qui la réhabilite dans ses droits de propriété, fera poursuivre devant les tribunaux ceux qui, au mépris des lois, contreferont cet ouvrage en tout ou en partie.

Les exemplaires sont signés de la main de l'auteur.

Conformément à la loi, il en a été déposé à la Bibliothèque royale.

AVERTISSEMENT.

—

Mademoiselle Félicité Coulon de Thévenôt (fille du fondateur en France de l'Art d'écrire aussi vite qu'on parle, connu sous le nom de *Tachygraphie*, seule méthode adoptée par les commissaires du gouvernement, et généralement jugée supérieure à tous les systèmes qu'on a en vain cherché à lui opposer) a démontré, sous les auspices de son père, dès l'âge le plus tendre, aux divers athénées, et dans plusieurs autres séances publiques, les principes de cet art aussi utile qu'agréable. Ces principes ont prouvé jusqu'à la dernière évidence que rien n'est plus aisé à apprendre que la

Tachygraphie ; que rien n'est moins compliqué que ses combinaisons ; que ses règles, en un mot, sont certaines, et sa lecture extrêmement facile.

On sait l'usage que les Grecs et les Romains ont fait de cette écriture, les avantages précieux que l'éducation en retirait, l'économie de temps qu'elle procurait aux premiers magistrats de Rome [1], la considération qui était attachée à ceux qui la pratiquaient ; et l'on n'ignore pas que Titus, l'amour et les délices du peuple romain, s'y était rendu très-habile ; mais les élémens de cet art,

[1] En effet, les personnes qui occupent les premières places de l'état, et en général toutes celles qui sont surchargées d'occupations, trouvent une grande économie de temps d'avoir auprès d'elles des tachygraphes.

perdus pendant plusieurs siècles, ne purent se retrouver, malgré toutes les recherches des savans.

Ce fut en 1776 que M. Coulon de Thévenôt présenta ses premiers travaux tachygraphiques à l'académie des sciences de Paris, dont il reçut les plus grands encouragemens; et dans le cours de l'année 1787, son ouvrage fut porté à un tel degré de perfection, qu'il fut inséré dans les mémoires de cette célèbre société.

Douter aujourd'hui de l'utilité de la Tachygraphie serait donc chercher à détruire un des meilleurs moyens qui puissent contribuer à l'acquisition des sciences, puisque les arts, l'histoire, la littérature, peuvent par elle étendre leur domaine.

EXPLICATION

DE L'ART TACHYGRAPHIQUE.

—

Iʟ faut écrire comme on prononce, sans s'embarrasser des différentes manières d'écrire le même son.

On compte douze voyelles dans la langue française, savoir : *e* muet, *a*, *an*, *ai*, ou *é* ouvert, *in*, *é* fermé, *i*, *o*, *on*, *ou*, *u*, *un*.

On les appelle voyelles parce qu'elles peuvent se prolonger sans altération.

A ces douze voyelles on a joint les trois diphtongues, *oi*, *ui*, *oui*. (Voyez la première ligne du Dictionnaire, et le n.° 1, pl. 5.)

Les consonnes sont au nombre de dix-neuf, savoir : *b*, *p*, *v*, *f*, *m*, *d*, *t*, *g*, *ckq* (que l'on représente par le même signe par rapport à leur prononciation), *j*, *ch*, *l*, double *ll* ou *l* mouillé, *r*, *n*, *gn*,

z, s, x. (Voyez la première colonne du Dictionnaire, et le n.° 2 de la pl. 3.)

Toutes les consonnes ont l'appellation muette, et se prononcent, *be*, *pe*, *ve*, *fe*, *me*, etc.

Lorsque les voyelles ou les consonnes font des syllabes ou des monosyllabes, on se sert des signes qui les représentent. (Voyez pl. 4.)

Il n'existe point dans la Tachygraphie de trait inutile ; chacun se prononce, et représente une syllabe entière.

La seule consonne *b*, comme double lettre, avec une autre consonne, pourra d'abord embarrasser ; mais on observera que cette légère difficulté n'existe que pour les labiales, *b*, *p*, *v*, *f*, *m*.

Une simple transposition dans le placement de leurs signes suffira pour indiquer leur réunion avec la lettre *l*. (Voyez pl. 5, n.° 6.)

Pour la lettre *r*, sa jonction avec les autres consonnes est facile. (Voyez même pl., n.° 7.)

Pour donner aux consonnes le son d'une voyelle, il suffit d'y ajouter l'arrondissement ou le prolongement qui se trouve dans la partie inférieure du corps de la voyelle.

La prononciation des consonnes étant muette, ce serait un double emploi d'en ajouter le signe.

Ainsi, par exemple, si l'on termine la consonne *b* par l'arrondissement de droite à gauche dans le corps de l'écriture, on lui donne le son de *ba*; si, au contraire, on la termine par le prolongement dans le corps inférieur, on lui donne le son de l'*é* fermé.

Il en est de même pour toutes les autres consonnes. (Voyez la pl. 6, n.° 8.)

On se sert du diminutif de l'*r*, quand elle est finale. (Voyez le n." 10, pl. 7.)

Pour les mots en *o*, ou *au*, suivis d'un *r*. (Voyez la pl. 5, n." 7.)

Le son de *eu* est différencié de l'*é* muet par un point sous le caractère. (Voyez pl. 7, n.° 11.)

Ce point se place également sous les voyelles longues pour les distinguer des brèves, et en général sous tous les mots qui, en écriture vulgaire, prennent l'accent circonflexe ou l'accent grave. (Voyez n.° 12, pl. 7.)

Il se place aussi sous les mots qui finissent par un *é*, pour marquer le féminin, comme *pensée*, *mélancolie*, etc.

Le point en-dessus du caractère remplace *l* mouillé. (Voyez pl. 8, n.° 14.)

Dans certains mots il sert aussi d'abréviation, voyez même pl., n.° 15.

Pour le pluriel des mots, voyez la même pl., n.° 13.

Telles sont les règles générales de la Tachygraphie.

Les personnes qui désireront de plus grands développemens trouveront chez l'auteur (où l'on peut se procurer des tachygraphes, soit pour le Palais, soit pour les journaux, le cabinet, etc...):

1.º Le Grand Traité *in-4.º*, par M. Coulon de Thévenôt [1];

2.º Les leçons données aux divers Athénées, connues sous le nom d'*Abrégé*
par mademoiselle sa fille. Prix : 4 fr.

[1] Cet ouvrage, du prix de 15 fr., jusqu'à la fin
de l'édition ne se vendra plus que 10.

RECUEIL

DE

ROMANCES NOUVELLES.

2..

RECUEIL

DE

ROMANCES NOUVELLES.

N° 1.

DANS UN SENTIER SOLITAIRE.

ROMANCE.

Dans un sentier solitaire,
Où serpentait un ruisseau,
Lycas, d'une voix légère,
Chantait près de son troupeau :
Hélas ! je vivais paisible,
Sans amour, mais sans désirs !
Chloé m'a rendu sensible,
Et j'ai connu les soupirs.

Elle s'offrit à ma vue ;
C'était la première fois ;
Aussitôt mon âme émue
Voulut vivre sous ses lois.
Hélas ! etc.

Une couronne de roses
Ornait ses beaux cheveux bruns,
Et ses lèvres demi-closes
Exhalaient de doux parfums.
Hélas ! je vivais paisible,
Sans amour, mais sans désirs ;
Chloé m'a rendu sensible,
Et j'ai connu les soupirs.

Ah ! trop aimable bergère,
Prends pitié de mon amour,
Pour moi loin d'être sévère,
Paye-moi d'un doux retour.
Toi qui m'as rendu sensible,
Toi qui causes mes soupirs,
Ne reste pas insensible,
Daigne combler mes désirs.

A l'ombre du vert feuillage,
Chloé vient de s'éveiller ;
Elle entend ce doux langage,
Et dit soudain au berger :
O toi ! qui vivais paisible,
Si je cause tes soupirs,
Pour toi, je serai sensible,
Je comblerai tes désirs.

N° 2.

ET JE DOIS SONGER A MOURIR!!!

ROMANCE.

Déjà les feuilles jaunissantes
M'annoncent la fin des beaux jours ;
Déjà les ondes transparentes
Semblent se glacer pour toujours.
On ne voit plus dans la prairie
Bondir tous les petits agneaux ;
La gaîté partout est ravie :
On ne vient plus sous ces berceaux.

Déjà la bergère jolie
Ne chante plus dans le hameau,
Et le berger de son amie
Fait rentrer le nombreux troupeau.
Les yeux de la belle Pomone
Ne sont plus remplis que de pleurs ;
Flore à la douleur s'abandonne :
Adieu les fruits, adieu les fleurs.

Ces jours jadis remplis d'ivresse
Ont passé comme des éclairs ;
C'est l'image de ma jeunesse,
Zéphyr l'emporte dans les airs.
Mes yeux à peine à la lumière
Ont eu le temps de s'entr'ouvrir ;
Je n'ai fait qu'un pas sur la terre,
Et je dois songer à mourir ! ! !

N° 3.

LE MARI QUE JE DÉSIRE.

———

Pour l'hymen mon cœur soupire ;
C'est le seul vœu que je fais ;
Mais l'époux que je désire
Le trouverai-je jamais ?
Qu'il soit de taille ordinaire,
A la beauté je tiens peu ;
Il saura toujours me plaire,
Si son cœur est plein de feu.

Je voudrais dans sa tournure
Un air noble et dégagé,
Et surtout que sa figure
Annonce un cœur élevé.
Qu'aux regards ses dents étalent
De l'ivoire la blancheur,
Et que ses vertus égalent
Son savoir et sa valeur.

Que son bel œil étincelle
Des plus tendres sentimens,
Et que sa voix, s'il appelle,
Pénètre dans tous les sens.
Que sa main soit douce et blanche,
Qu'il montre en tout un bon cœur,
Que jamais son ton ne tranche,
Qu'avec lui soit le bonheur.

Qu'il ne sorte de sa bouche
Que des mots consolateurs ;
Qu'un triste récit le touche,
Qu'il allége les malheurs.
Généreux, franc et sincère,
Vif, actif, entreprenant,
Qu'il ait un bon caractère,
Et l'esprit intelligent.

Par beaucoup de prévenance,
Qu'il me prouve son amour;
Oui, je le jure d'avance,
Je le pairai de retour.
Qu'il ne soit point infidèle,
Qu'il soit tendre et complaisant,
Qu'il m'assure de son zèle
En restant toujours galant.

Qu'il porte partout l'envie
Par son esprit enchanteur;
Qu'il n'ait point de jalousie,
Et ne soit jamais boudeur.
Ah! des plaisirs que j'envie,
Si je savoure l'erreur,
Ce n'est point une folie,
C'est l'image du bonheur.

N.º 4.

FAUT L'OUBLIER.

Faut l'oublier,
  Cet amant infidèle,
Qui promettait de ne chérir que moi.
Je dois briser tout ce qui me rappelle
Qu'il fut un jour où je reçus sa foi.
    Faut l'oublier.

Faut l'oublier
  Celui qu'hier encore
Je me plaisais à nommer mon vainqueur ;
Il ne faut plus qu'au lever de l'aurore
Son souvenir vienne agiter mon cœur.
    Faut l'oublier.

Faut l'oublier
  Ce sentiment si tendre
Que seul, hélas ! il pouvait m'inspirer ;
A son amour je ne dois plus prétendre,
Puisque l'ingrat ne sut jamais aimer.
    Faut l'oublier.

Faut l'oublier,
Lorsque je le répète ,
Du doux espoir j'entends soudain la voix ;
Il me sourit, et l'amour qui me guette
Jà me promet de plus heureuses lois.
Faut l'oublier.

N° 5.

MAIS BRULE DE TE L'ACCORDER.

QUELS tourmens viennent m'accabler !
Quel trouble a passé dans mon âme !
N'aurais-tu plus la même flamme?
Aurais-tu cessé de m'aimer?
Pourquoi cet air froid et sévère
Quand je te parle tendrement?
Ton regard est tout en colère,
Et pour moi tu n'es plus galant

Serais-tu devenu jaloux ?
N'as-tu pas un peu de tristesse?
Les refus que je fais sans cesse
Ont-ils allumé ton courroux!

Ah ! sans doute ma résistance
A pu te jeter dans l'erreur ;
De cette feinte indifférence
N'en accuse que la pudeur.

Tu ne demandais qu'un baiser
Pour te répondre au mot *je t'aime* ;
Il eût fait mon bonheur suprême !
Je devais te le refuser.
Ta voix est si douce et si tendre !
Ton regard est si séduisant !
J'ai tant de plaisir à t'entendre
Me prononcer ce mot charmant !

Oui, c'est aujourd'hui que je sens
Que nos cœurs auraient pu s'entendre.
En vain je voudrais m'en défendre ;
Mais ta voix agite mes sens.
Un baiser, c'est bien peu de chose ;
Quand tu me verras résister,
Rappelle-toi bien que je n'ose,
Mais brûle de te l'accorder.

———

N.° 6.

LE RETOUR DU TROUBADOUR.

L'AIMABLE troubadour,
Par une fantaisie,
Abjurait son amour
Pour l'aimable Sylvie.
Au printemps des beaux jours
L'inconstance a des charmes ;
Mais aux premiers amours
Enfin l'on rend les armes.

L'aimable troubadour,
Aujourd'hui plus fidèle,
Est enfin de retour
Aux genoux de sa belle.
D'un feu trop inconstant
Connaissant la folie,
Il a fait le serment
D'aimer toute la vie.

Du papillon léger
C'est la vivante image;
Il aime à voltiger,
Mais il n'est point volage.
Si son premier désir
S'est fixé sur la rose,
A son dernier soupir,
Sur elle il se repose.

Il aime à se presser
Sur le bouton de rose,
Il aime à caresser
Une fleur fraîche éclose;
Mais toujours le destin
Le ramène à la rose,
Et quand vient son déclin,
Sur elle il se repose.

N° 7.

LE DÉCLIN.

—

Adieu, belle saison,
Adieu, bosquet, feuillage.
Dans les bois plus d'ombrage ;
On ne voit que glaçon.
Adieu, adieu, belle saison.

Tout fuit avec les jours,
La fleur se décolore,
Et des jardins de Flore
S'éloignent les amours.
Tout fuit, tout fuit avec les jours.

L'Amour fuit le déclin,
La nymphe se désole ;
Le Temps, lorsqu'il s'envole,
Répète le refrain :
L'Amour, l'Amour fuit le déclin.

On voit chaque printemps
Une rose nouvelle,
Flore paraît plus belle;
L'homme seul tous les ans
Voit sans retour fuir son printemps.

N° 8.

ME FAIT OUBLIER MES SERMENS.

J'AVAIS, depuis son inconstance,
Promis d'éloigner les amours;
Je disais : Dans l'indifférence,
De mes ans je verrai le cours.
J'avais juré, mais en moi-même,
Dieu ! qu'il s'est fait de changemens !
Un regard, ô surprise extrême !
M'a fait oublier mes sermens.

Le dernier objet de ma flamme
M'était connu depuis long-temps;
Jamais il n'avait dans mon âme
Causé ni troubles ni tourmens,

Non, non, jamais; mais en moi-même
Il s'est fait bien des changemens.
Un regard, ô surprise extrême!
A produit d'autres sentimens.

Plus d'une fois en sa présence
Si je sens mon cœur palpiter,
En lui commandant le silence,
Je me promets de résister;
Je me promets, mais en moi-même,
Il se fait bien des changemens.
Un regard de celui que j'aime
Me fait oublier mes sermens.

N° 9.

SÉJOUR QUI ME RAPPELLE.

Séjour qui me rappelle
L'objet de mes amours,
La fortune cruelle
M'éloigne pour toujours.
Réduit moins solitaire
M'offrira plus d'ennui :
Espoir, douce chimère,
Hélas ! a déjà fui.

Tristesse de ma vie
Se changeait en plaisirs ;
Elle était embellie
Par quelques souvenirs.
Ici je vis paraître
Aimable troubadour ;
Ici je sentis naître
Premier besoin d'amour.

Ici de sa voix tendre
J'écoutais les accens ;
Ici j'aimais l'entendre
Répéter ses sermens.
Près de cette fenêtre
Il reçut mes aveux ;
Là j'eus promis peut-être
De céder à ses feux.

Demeure encor si belle,
Que n'habiterai plus,
D'un amant infidèle
Ne me parlerez plus !
Vous qui fûtes naguère
Témoin de mon bonheur,
Vous serez toujours chère
A mon sensible cœur.

FIN.

EXPOSITION DE 1819.

Plumes tachygraphiques, dites sans fin.

C'est à l'art d'écrire aussi vite qu'on parle qu'on est redevable de cette découverte ingénieuse. Ces plumes ont l'avantage de ne jamais se tailler, d'écrire toujours de même grosseur, et de fournir l'encre plusieurs heures de suite.

Prix des étuis, 3 et 6 fr.; et du paquet, 2 fr.

Tilsitt, autre espèce de plumes en argent, d'une forme particulière, dont la durée est incalculable : prix 6 fr.

Album, renfermant un papier d'autant plus précieux, qu'il suffit de tremper la plume dans l'eau ou de la mouiller avec la salive pour obtenir des caractères noirs et ineffaçables. A différens prix.